BEI GRIN MACHT SICH
WISSEN BEZAHLT

- Wir veröffentlichen Ihre Hausarbeit,
  Bachelor- und Masterarbeit

- Ihr eigenes eBook und Buch -
  weltweit in allen wichtigen Shops

- Verdienen Sie an jedem Verkauf

Jetzt bei www.GRIN.com hochladen
und kostenlos publizieren

Bibliografische Information der Deutschen Nationalbibliothek:

Die Deutsche Bibliothek verzeichnet diese Publikation in der Deutschen National-
bibliografie; detaillierte bibliografische Daten sind im Internet über http://dnb.d-
nb.de/ abrufbar.

Impressum:

Copyright © 2016 GRIN Verlag, Open Publishing GmbH
Druck und Bindung: Books on Demand GmbH, Norderstedt Germany
ISBN: 9783668378735

Dieses Buch bei GRIN:

http://www.grin.com/de/e-book/351436/ttip-ceta-und-ttp-eine-kritische-analyse-
der-aktuell-diskutierten-freihandelsabkommen

Felix Heber

TTIP, CETA und TTP. Eine kritische Analyse der aktuell diskutierten Freihandelsabkommen

GRIN Verlag

GRIN - Your knowledge has value

Der GRIN Verlag publiziert seit 1998 wissenschaftliche Arbeiten von Studenten, Hochschullehrern und anderen Akademikern als eBook und gedrucktes Buch. Die Verlagswebsite www.grin.com ist die ideale Plattform zur Veröffentlichung von Hausarbeiten, Abschlussarbeiten, wissenschaftlichen Aufsätzen, Dissertationen und Fachbüchern.

Besuchen Sie uns im Internet:

http://www.grin.com/

http://www.facebook.com/grincom

http://www.twitter.com/grin_com

Universität Bayreuth

Rechts- und Wirtschaftswissenschaftliche Fakultät

Lehrstuhl VWL V – Institutionenökonomik

Seminararbeit

zu aktuellen Fragen der Wirtschaftspolitik

im WS 2016/2017

Thema:

TTIP, CETA und TPP –

Eine kritische Analyse der aktuell diskutierten

Freihandelsabkommen

- Eine Analyse aus polit- und institutionenökonomischer Sicht –

Vorgelegt von:　　　　　　　　　　　　　　Abgabetag: 14.10.2016

Felix Heber

Economics, 4. Semester

Inhaltsverzeichnis

Abbildungsverzeichnis

Abkürzungsverzeichnis

BDI	Bundesverband der Deutschen Industrie
BfArM	Bundesinstitut für Arzneimittel und Medizinprodukte
BMELV	Bundesministerium für Ernährung, Landwirtschaft und Verbraucherschutz
BMWi	Bundesministerium für Wirtschaft und Energie
BPB	Bundeszentrale für politische Bildung
BVMed	Bundesverband Medizintechnologie
BVL	Bundesamt für Verbraucherschutz und Lebensmittelsicherheit
CETA	Comprehensive Economic and Trade Agreement
CFIA	Canadian Food Inspection Agency
CMDR	Canadian Medical Device Regulations
DMDI	Deutsches Institut für Medizinische Dokumentation und Information
EPA	Environmental Protection Agency
EU	Europäische Union
FDA	Food and Drug Administration
ICS	Investment Court System
IIT	Intra-Industry Trade (deutsch: Intraindustrieller Handel)
ISDS	Investor to State Dispute Settlement
TTIP	Transatlantic Trade and Investment Partnership
TPP	Trans-Pacific Partnership
USA	United States of America
US	United States

1 Einleitung

1.1 Problemstellung

Die in den letzten Jahren immer wieder auffächernden Diskussionen über Freihandelsabkommen wirft die Frage nach der ökonomischen Sinnhaftigkeit dieser Abkommen auf. Die Verhandlungen werden meist hinter verschlossenen Türen geführt, und falls doch Informationen den Weg in die Öffentlichkeit finden, dann meist so, dass diese ohne Vorkenntnisse nicht eingeordnet werden können.

1.2 Zielsetzung und Aufbau der Arbeit

In dieser Arbeit soll der ökonomische Sinn hinter den aktuell diskutierten Freihandelsabkommen untersucht werden. Freihandelsabkommen werden in der Politik immer häufiger diskutiert und genutzt, um einen wirtschaftlichen Aufschwung zu erzeugen. Jedoch tappt die Bevölkerung in Folge schlechter Transparenz oft im Dunkeln und fühlt sich hintergangen. Daher werden im Rahmen dieser Arbeit die Vertragstexte einiger der aktuell diskutierten Freihandelsabkommen untersucht, um aufzuzeigen, ob diese eine wirkliche Verbesserung gegenüber dem aktuellen Status quo darstellen.

Zu Beginn werden im zweiten Kapitel die theoretischen Grundlagen gelegt, in dem Hintergründe des Freihandels und die durch die Freihandelsabkommen gewünschten Ziele dargestellt werden. Dafür wird zunächst die Theorie des Freihandels erklärt (Abschnitt 2.1), um darauf aufbauend die Definition und Ziele eines Freihandelsabkommens zu erläutern (Abschnitt 2.2). Anschließend werden die aktuellen Verhandlungsstände zu einzelnen Freihandelsabkommen dargestellt: TTIP in Abschnitt 2.3, CETA in Abschnitt 2.4, TPP in Abschnitt 2.5.

Im Anschluss werden die häufigsten Kritikpunkte der Freihandelsabkommen diskutiert. Die Basis dieser Analyse bilden die Vertragstexte der Freihandelsabkommen, sofern diese bereits ausformuliert und öffentlich zugänglich sind. In Abschnitt 3 wird auf die Transparenz der Verhandlungen eingegangen und untersucht, in welchem Ausmaß diese gegeben ist. Dabei werden zunächst die Verhandlungen von TTIP (Abschnitt 3.1) genauer untersucht, gefolgt von CETA (Abschnitt 3.2). In Abschnitt 4 erfolgt die thematische Behandlung der Schiedsgerichte, wobei TTIP (Abschnitt 4.1) erneut vor CETA (Abschnitt 4.2) untersucht wird. Einer der größten Kritikpunkte stellen gentechnisch veränderte Lebensmittel dar. Immer wieder gibt es in ganz Europa Demonstrationen, welche vor allem auch auf die Kritik der Gentechnik gerichtet sind, daher wird in Abschnitt 5 dieser Punkt genauer untersucht, um anschließend in

Abschnitt 5.1 die Inhalte von TTIP und in Abschnitt 5.2 die Inhalte von CETA abzugleichen. Der letzte Punkt der Analyse ist die Zulassung von medizinischen Produkten (Abschnitt 6). Hier wird auf Basis der Zulassungsverfahren die Qualität der zugelassenen Produkte untersucht, um abschließend die einzelnen Verfahren gegeneinander abzuwägen. Wie auch in den vorherigen Abschnitten erfolgt zuerst eine Untersuchung zu TTIP (Abschnitt 6.1), gefolgt von CETA (Abschnitt 6.2). Die Arbeit schließt mit einem Fazit der untersuchten Kritikpunkte und einem Ausblick, der aufzeigen soll, ob die verhandelten Freihandelsabkommen einen wirklichen Wohlfahrtsgewinn für die betroffenen Bevölkerungen darstellt, ab.

2 Theoretische Grundlagen

2.1 Theorie des Freihandels

Bereits im Jahr 1776 legte der Gründervater der Nationalökonomie, Adam Smith, mit der Publikation „An Inquiry into the Nature and Causes of the Wealth of Nations" den Grundstein der Theorie des Freihandels. In seiner Ausarbeitung erläutert er die Vorteile der Spezialisierung durch internationale Arbeitsteilung. Darauf aufbauend entwickelte der Ökonom David Ricardo seine Theorie der komparativen Kostenvorteile. Ricardo sagt, dass Handel zwischen zwei Ländern nicht nur anhand eines absoluten Kostenvorteils begründet werden sollte, sondern anhand relativer oder komparativer Kostenvorteile. Anders ausgedrückt: Der Handel zwischen zwei Ländern ist immer dann vorteilhaft, wenn ein Land auf weniger produzierte Einheiten eines Gutes verzichten muss als das andere Land. Dieses Land hat niedrigere Opportunitätskosten, folglich sollte sich dieses Land auf das Gut spezialisieren, welches es relativ zum anderen Land günstiger produzieren kann.[1] Diese klassischen Modelle sind sehr einfach gehalten und wurden im Laufe der Jahre durch neuere Außenhandelstheorien ersetzt. Eine erste Erweiterung zu Ricardo stellt das Heckscher-Ohlin Modell dar, welches mehrere Länder, mehrere Güter und auch mehr als zwei Güter berücksichtigt.[2] Jedoch ist in Bezug auf ein Freihandelsabkommen, überwiegend der intraindustrielle Handel[3] von Bedeutung. Viele Länder importieren und exportieren gleichzeitig mehrere Güter, wovon viele Güter auch identisch sind. Die Theorie des IIT erläutert dieses Verhalten und der sogenannte Grubel-Loyd

---

[1] Vgl. Marrewijk, Charles (2012): S.52 - 74
[2] Vgl. Krugman,Paul/Obstfeld, Maurice (2006): S.50 - 76
[3] Englisch: Intra-Industry Trade (IIT)

Index misst das Ausmaß davon. Dabei kann dieser Index Werte zwischen 0 (nur interindustrieller Handel) und 1 (nur intraindustrieller Handel) annehmen.[4]

Die wirtschaftspolitischen Grundsätze hinter einem Freihandelsabkommen basieren auf einer angebotsorientierten Wirtschaftspolitik, denn hier werden Steuern, Zölle und Normen angeglichen, umso optimale Rahmenbedingungen für Unternehmen zu schaffen. Die Politik greift nicht aktiv in den Wirtschaftsprozess ein oder versucht ihn zu lenken, wie es bei der nachfrageorientierten Wirtschaftspolitik der Fall ist. Die Politik orientiert sich hier am sogenannten magischen Viereck, welches 4 wirtschaftspolitische Ziele beinhaltet: Wirtschaftswachstum, Vollbeschäftigung, Preisniveaustabilität und Außenwirtschaftliches Gleichgewicht. Ein Freihandelsabkommen zielt überwiegend auf das Wirtschaftswachstum und die Vollbeschäftigung ab.

2.2 Definition und Ziele von Freihandelsabkommen

Ein Freihandelsabkommen ist ein bi- oder multilaterales Abkommen, bei welchem die Barrieren des internationalen Waren- und Dienstleistungsverkehrs abgebaut werden, die den Handel einschränken bzw. ihn erschweren. Durch den Abbau dieser Einschränkungen, wie beispielsweise Zölle oder nichttarifäre Handelshemmnisse, wird es Unternehmen ermöglicht, einfacher und günstiger Waren und Dienstleistungen zwischen den Ländern, welche das Abkommen beschließen, zu exportieren. Zusätzlich können auch noch staatliche Eingriffe wie Subventionen o. ä. eingeschränkt werden. Der Sinn hinter einem Freihandelsabkommen erschließt sich schnell: Durch die Abschaffung der Barrieren des internationalen Waren- und Dienstleistungsverkehrs und den dadurch entstehenden Freihandel sollen sich Verbesserungen bei der Güterallokation sowie eine Steigerung des Außenhandels einstellen. Grundsätzlich unterscheidet man zwischen tarifären Beschränkungen wie bspw. Zölle und Steuern sowie nichttarifären Beschränkungen wie bspw. Subventionen und Gesetze.

2.3 TTIP

Erstmals im Jahr 2013 wurde das Freihandelsabkommen TTIP (Transatlantic Trade and Investment Partnership) von Präsident Barack Obama während seiner Rede zur Lage der Nationen erwähnt. Noch am Folgetag verkündeten Barack Obama und José Manuel Barroso, der damalige Präsident der EU-Kommission, die zukünftigen Pläne.[5]

---

[4] Vgl. Marrewijk, Charles (2012): S. 199 - 206
[5] Vgl. BMWi (2016b)

Die Idee eines Freihandelsabkommens zwischen der EU und den USA wird bereits seit den 1990er Jahren immer wieder diskutiert und wurde vor allem als Reaktion auf die Finanzkrise 2007 – 2009 stärker verfolgt, um das Wachstum in beiden Wirtschaftsregionen anzukurbeln. Laut einer Studie des Economic Policy Research, kann das Bruttoinlandsprodukt der EU zehn Jahre nach Abschluss des Abkommens um etwa 0,5 Prozent gewachsen sein.[6] Ziel dieses Freihandelsabkommens ist es, die bereits schon ohnehin niedrigen Zölle im transatlantischen Raum möglichst komplett zu beseitigen. Des Weiteren sollen vor allem technische Normen und Standards gegenseitig anerkannt bzw. normiert werden. Durch angepasste Standards müssten Unternehmen beider Seiten nicht mehrere Ausführungen ihrer Produkte produzieren und könnten somit Aufwand und Kosten sparen. Dieser Normierungsprozess soll in mehreren Bereichen wie Gesundheit, Medizin, Arzneimittel, Energie oder auch Umwelt- und Pflanzen- schutz stattfinden.[7] Das ist allerdings nur ein kleiner Teil der Bereiche, die aktuell zur Diskus- sion stehen. Große Kritik wird vor allem am sogenannten Investitionsschutz geübt, welcher Unternehmen erlaubt, Staaten auf entgangene Gewinne zu verklagen. Die Verhandlungen um TTIP befinden sich aktuell in der 14. Verhandlungsrunde, welche vom 11. Juli bis zum 15. Juli 2016 stattfand. Stand heute ist noch in keinem einzigen der ca. 24 Kapitel eine Einigung erzielt worden, lediglich in einigen Bereichen gibt es Annäherungen. Bundesminister Sigmar Gabriel fand in einem Interview über den aktuellen Verhandlungsstand noch drastischere Worte: „Die Verhandlungen mit den USA sind de facto gescheitert, weil wir uns den ameri- kanischen Forderungen natürlich als Europäer nicht unterwerfen dürfen. Da bewegt sich nichts."[8]

2.4 CETA

Das europäisch-kanadische Freihandelsabkommen CETA (Comprehensive Economic and Trade Agreement) enthält umfassende Zoll- und Handelserleichterungen.[9] Dieses Abkommen gilt als Vorläufer von TTIP und soll einen möglichst vorgefertigten Rahmen für künftige Ver- handlungen schaffen. Grundsätzlich verfolgt man bei einem Freihandelsabkommen das Ziel, die Zölle weitestgehend zu beseitigen – so auch hier. Laut EU-Kommission sollen mehr als 99 % der Zölle durch das Abkommen verfallen und Normen gegenseitig anerkannt und ange- passt werden. Außerdem ist erstmals ein moderner Investitionsschutz im Vertrag verankert

---

[6] Vgl. BDI (2015)
[7] Vgl. BMWi (2016c) und European Commission (2015b)
[8] ZDF Mediathek (2016)
[9] Vgl. CETA Kapitel 6, Artikel 6.1

worden, dieser soll dem Schutz von Allgemeinwohlzielen dienen.[10] Im Gegensatz zu TTIP sind die Verhandlungen bei CETA bereits im August 2014 beendet worden und die Rechtsförmlichkeitsprüfung wurde Ende Februar 2016 erfolgreich abgeschlossen. Der Vertragstext zu CETA ist jedem auf der Seite des Bundesministeriums für Wirtschaft und Umwelt frei zugänglich. Anfang nächsten Jahres erfolgt die Befassung des Europäischen Parlamentes, welches dem Abkommen zustimmen muss. Anschließend folgt der Ratifikationsprozess der einzelnen Mitgliedsländer der EU nach den jeweiligen verfassungsrechtlichen Vorschriften. In Deutschland muss also die Zustimmung von Bundestag und Bundesrat erfolgen, um den Ratifikationsprozess abzuschließen. Laut Bundesministerium für Wirtschaft und Energie (BMWi) dauert dieses Verfahren zwei bis vier Jahre, bis der Prozess vollkommen abgeschlossen ist.[11]

2.5 TPP

TPP (Trans-Pacific Partnership) ist die größte Freihandelszone der Welt und ein geplantes Abkommen zwischen zwölf pazifischen Anrainerstaaten: den USA, Australien, Kanada, Neuseeland, Chile, Japan, Malaysia, Mexiko, Peru, Singapur, Brunei und Vietnam. Die ersten Gespräche einiger Länder fanden bereits zu Beginn des Jahres 2008 statt und mit der Zeit signalisierten immer mehr Länder den Wunsch, an diesem Abkommen teilzuhaben. Die Ziele dieses Abkommens decken sich mit denen der zuvor besprochenen Abkommen.

3 Transparenz der Verhandlungen

Die Transparenz der Verhandlungen von TTIP und CETA sind eines der am kontroversesten diskutierten Themen in der deutschen und europäischen Politik. Die vorgeworfene, fehlende Transparenz ist dabei eins der Kernthemen und die Bevölkerung hat das Gefühl, dass die Regierungen zusammen mit einer breit aufgestellten Lobbygruppe hinter einem Schleier der Unwissenheit verhandelt.

3.1 TTIP

Das transatlantische Freihandelsabkommen TTIP steht bei der Transparenzdebatte meistens stärker im Fokus der Öffentlichkeit als CETA. Das Problem der Transparenz liegt jedoch in dem Konstrukt der EU selbst. Da die Verhandlungsführung komplett bei der Europäischen Kommission liegt und das Europäische Parlament keine Einwirkungen auf das Abkommen hat, entsteht eine Art demokratisches Vakuum, da die Europäische Kommission im Gegensatz

---

[10] Vgl. BMWi (2016d)
[11] Vgl. BMWi (2016e)

zum Parlament nur indirekt über die Länderregierungen legitimiert ist. Der Grundstein der Transparenzdebatte über TTIP liegt also in der bereits geführten Debatte über das Demokratiedefizit der EU. Denn hier wird vor allem das Subsidiaritätsprinzip verletzt, welches besagt, dass Kompetenzen nur auf einer Entscheidungsebene angesiedelt werden dürfen, wenn sichergestellt ist, dass untere Ebenen mit der Kompetenzausübung überfordert sind.[12] Für die Verhandlungen würde das heißen, dass die Verhandlungsführung erst der Europäischen Kommission übergeben werden darf, wenn die unteren Ebenen, also die Mitgliedsländer, mit der Verhandlungsführung überfordert wären. Jedoch werden die Mitgliedsländer überhaupt nicht mit einbezogen, sondern sämtliche Verhandlungsführung liegt, wie bereits erwähnt, bei der Europäischen Kommission allein. Verstärkt wird das Ganze durch den fehlenden Zugriff des Europäischen Parlamentes auf die Verhandlungsdokumente. Am 1. Februar 2016 wurde vom Bundeswirtschaftsminister durchgesetzt, dass alle Abgeordneten des Bundestags in einem TTIP-Leseraum die konsolidierten Verhandlungstexte einsehen können. Wer in den TTIP-Leseraum will, muss alles Persönliche abgeben und sich wahllos durch die Dossiers kämpfen. Es dürfen Notizen gemacht werden, allerdings nichts abgeschrieben werden und anschließend dürfen die Notizen den Leseraum nicht verlassen, sondern werden ebenfalls eingeschlossen. Nach umfassenden Protesten wurde zumindest ein Stückchen Transparenz in die Mitgliedsländer der EU gebracht. So veröffentlicht die EU-Kommission Faktenblätter zu mehreren Kapiteln in verständlicher Sprache und zusätzlich noch die Textvorschläge und Positionspapiere der EU, welche in den Verhandlungen verwendet werden. Die Transparenz von TTIP bleibt jedoch immer noch kritisch zu sehen. Die Politik hat zwar bereits versucht für mehr Transparenz zu sorgen, jedoch nur mit mäßigen Erfolg.

3.2 CETA

Die Debatte zur fehlenden Transparenz wird ähnlich geführt wie bei TTIP. Wieder entspringt diese aus dem Demokratiedefizit der EU. Die große Aufmerksamkeit kommt CETA allerdings zugrunde, weil es eine Vorbildfunktion für TTIP und zukünftige Freihandelsverträge hat. Je besser also das Resultat mit Kanada, desto mehr wird die EU auch in ihrer intransparenten Verhandlungsführung bestätigt und desto frustrierter wird die Bevölkerung gegenüber TTIP.

Im Rahmen der Debatte wurde jedoch, vonseiten der EU Kommission, immerhin ein sogenanntes gemischtes Abkommen beschlossen. Das heißt, dass im Gegensatz zu TTIP, nicht alle Teile des Abkommens in die gemeinsame Handelspolitik der EU fallen, sondern manche Tei-

---

[12] Vgl. Bpb (2009)

le liegen noch immer in der Zuständigkeit der Mitgliedsstaaten. Folglich bedeutet das, dass die Parlamente der Mitgliedsländer im Rahmen ihrer Zuständigkeit CETA zustimmen müssen.[13] Dies ist durchaus positiv zu sehen, denn zumindest ein Teil des Abkommens wird also von demokratisch legitimierten Abgeordneten bestimmt und ein Stückchen mehr Transparenz in die Verhandlungen gebracht, da es Einsicht in die Dokumente bedeutet.

Insgesamt bemüht sich die Politik zwar für mehr Transparenz bei beiden Abkommen zu sorgen, jedoch ohne wirkliche Erfolge. Die Verhandlungen werden weiter hinter verschlossenen Türen geführt und viele Mechanismen der Demokratie ausgehebelt. So dürfte es nie sein, dass das Europäische Parlament keinen Zugriff auf die Verhandlungsdokumente bekommt und deshalb verwundert es auch nicht, dass die Zustimmung zu den Abkommen auf einem Rekordtief notiert.[14]

4 Schiedsgerichte

Schiedsgerichte sind private, nichtstaatliche juristische Entscheidungsorgane. Sie treten ausschließlich auf Vereinbarung der Streitparteien zusammen. Diese heißt Schiedsvereinbarung, hat normalerweise Vertragsform und bildet gemeinsam mit der Rechtsordnung, durch die sie gültig wird, die Rechtsgrundlage des Schiedsgerichts. Die Urteile, zu denen die Schiedsgerichte im Laufe ihrer Verhandlung kommen, heißen Schiedssprüche und sind für die Streitparteien rechtlich bindend.[15] Die Verfahren sind nicht öffentlich und gewährleisten daher ein hohes Maß an Vertraulichkeit, was die Interna der Geschäftsbeziehungen oder Unternehmen angeht. Die Schiedsrichter sind in den meisten Fällen echte Fachexperten. Allgemein ist die größere Flexibilität der Verfahren, die sich an die spezifischen Gegebenheiten des Streitfalles anpassen, neben der freien Wahl des Verhandlungsortes von Vorteil.

Jedoch wiegen die Nachteile mindestens genau so viel, denn durch die Ernennung von Privatpersonen und keinen öffentlichen Richtern wird die Etablierung einer Paralleljustiz gefördert, welche die reguläre Rechtsprechung aushebelt. Zudem ist die Nicht-Öffentlichkeit zwar für die Unternehmensinterna förderlich, allerdings ist dies nicht mit demokratischen Prinzipien vereinbar, da sogar teilweise Urteile der parlamentarischen Kontrolle entzogen werden. Zudem gibt es gegen die Schiedssprüche keine Revision, was die Kritik einer Paralleljustiz noch einmal unterstreicht. Zusätzlich besteht die Gefahr, dass Regierungen auf wichtige Gesetze aus Angst vor Klagen verzichten. Diesen Effekt nennt man „regulatory chill" Effekt, welcher

---

[13] Vgl. BMWi (2016a)
[14] Vgl. European Commision (2015a)
[15] Vgl. Bpb (2015) und BMWi (2016f)

besagt, dass Regierungen bspw. auf Gesetze zum Schutz der Umwelt verzichten, um somit dafür zu sorgen, dass die Regulierungen von vornherein den Bedürfnissen der Investoren entsprechen.[16]

4.1 TTIP

Im Rahmen der Transatlantischen Handels- und Investitionspartnerschaft bestehen die USA auf die Einrichtung privater internationaler Schiedsgerichte. Nachdem diese Gremien mit vergleichsweise sehr wenigen Personen besetzt sind, mangelt es dem Prozess der Urteilsfindung Kritikern zufolge maßgeblich an Transparenz. Diese ist unerlässlich um derart weitreichende Entscheidungen zu treffen, die sich über die Gesetzeslage souveräner Staaten hinwegsetzen können. Anders ausgedrückt, Schiedsgerichte ermöglichen ausländischen Investoren, Nationalstaaten auf Schadenersatz zu verklagen, wenn diese sich in ihren Interessen verletzt sehen, die auf Grundlage internationalen Rechts garantiert werden.[17] Jedoch sollte hier die grundsätzliche Frage gestellt werden, ob es überhaupt notwendig ist, in diesem Abkommen Schiedsgerichte zu etablieren. Der ursprüngliche Gedanke zur Etablierung eines Schiedsgerichts lag vor allem darin, dass einzelne Länder keine unabhängige Gerichtsbarkeit vorweisen können. Somit wären Unternehmen der willkürlichen Behandlung dieser Länder schutzlos ausgesetzt. Die Voraussetzungen einer willkürlichen Gerichtsbarkeit sind aber weder in der EU noch in den USA gegeben und somit ist es auch fraglich, ob ein Schiedsgericht überhaupt von Nöten ist. „Die Motivation der EU-Kommission liegt vermutlich gar nicht darin, europäische Investoren vor Willkürakten der US-Regierung zu schützen, sondern es dürfte vor allem um die Präzedenzwirkungen für entsprechende Verhandlungen mit anderen Ländern gehen."[18] Jedoch macht dies ökonomisch überhaupt keinen Sinn, denn eine individuelle Vorgehensweise für jedes Abkommen, also zu entscheiden wie groß die Gefahr der Willkür und im Umkehrschluss, wie groß das Sicherheitsbedürfnis ist, würde einen viel größeren Nutzen bringen als diese First-Best-Lösung. Bei den TTIP-Verhandlungen wurden alle Reformvorschläge der Europäischen Kommission zu den Schiedsgerichten, allen voran die Einrichtung eines permanenten öffentlich-rechtlichen Gerichtshofes, seitens der USA abgelehnt.

Aktuell sieht es nicht danach aus, dass sich die beiden Parteien auf die Einrichtung eines Schiedsgerichtes einigen können, sei es ein internationales privates Schiedsgericht oder öffentliche Gerichtshöfe.

---

[16] Für weitere Informationen zum „regulatory chill effect" vgl. Lydgate, Emily (2012)
[17] Vgl. Klodt, Henning (2015, S. 2)
[18] Klodt, Henning et al. (2014, S. 460)

4.2 CETA

Bei dem umfassenden kanadisch-europäischen Wirtschafts- und Handelsabkommen sind nach grundlegenden Reformen mittlerweile keine privaten Schiedsgerichte mehr zulässig. Im Falle von Streitigkeiten wird nun ein öffentlich-rechtlicher Gerichtshof, ein sogenanntes Investitionsgericht, anzurufen sein. Dieser bietet den Streitparteien im Zuge eines ordentlichen Gerichtsverfahrens auch die Möglichkeit einer Berufung. Die Transparenz des Verhandlungsprozesses und der Urteilsbegründung ist somit gewährleistet. Geändert hat sich das Streitschlichtungsverfahren in Form der Einführung des Investment Court System (ICS). Die Standards, die in der Investor-Staat-Schiedsgerichtsbarkeit angewendet werden, bleiben weitgehend unberührt. Auch das ICS räumt Investoren das Privileg ein, ihre Investitionen vor unliebsamen Änderungen in den Regulierungen eines Rechtsstaates schützen zu können, jedoch können die Vertragsparteien selbst die Auswahl der Schiedsrichter treffen.[19] „Das neue System wird wie ein internationales Gericht funktionieren, sodass die Bürger auf faire und objektive Urteile vertrauen können."[20] Doch hier versagt das neue Modell des Investitionsgerichts, denn die von der EU-Kommission vorgeschlagenen Richter müssen keineswegs unabhängig sein. Die Richter dürften nebenamtlich tätig sein und würde pro Fall bezahlt werden,[21] sodass diese ein großes Interesse an einer hohen Zahl von Investorenklagen hätten. Dies erschafft einen Anreiz für investorenfreundliche Rechtsprechung und ist somit auch eines der zentralen Probleme bisheriger Schiedsgerichte. Eine naheliegende Lösung wären hauptberufliche Richter, welche keine Nebentätigkeit ausüben dürften. Somit könnte der Interessenkonflikt auf elegante Weise umgangen werden. Ein weiteres Problem in Bezug auf die Schiedsgerichte stellt die enge wirtschaftliche Verflechtung Nordamerikas dar, denn viele der in der EU ansässigen amerikanischen Unternehmen haben kanadische Tochterfirmen und könnten sich so auf CETA berufen. Vorausgesetzt diese strukturieren ihre Investitionen geschickt, dann könnten laut Schätzungen aus dem Jahr 2014 ungefähr 81 % (rund 42000) der US-Unternehmen dieses Schlupfloch ausnutzen.[22]

Die Ausarbeitungen des ICS rund um CETA werden nicht nur als intuitiv, sondern viel mehr als Grundlage zukünftiger Freihandelsabkommen angepriesen. Es mag stimmen, dass einige der Kritikpunkte der ursprünglichen Investor State Dispute Settlement (ISDS) entkräftet werden konnten, doch erinnert das ICS mehr an eine reduzierte Version der ursprünglich disku-

---

[19] Vgl. BMWi (2016d), BMWi (2016f) und CETA Katpitel 8, Abschnitt A, Artikel 8.1 – Artikel 8.3
[20] Süddeutsche Zeitung (2016)
[21] Vgl. CETA Kapitel 8, Abschnitt F, Artikel 8.27 Abs. 12 u. 14
[22] Public Citizen (2014)

tierten Schiedsgerichte. Kritikpunkte wie: Sonderrechte für ausländische Konzerne, weitreichende Rechte für Investoren, keine unabhängigen Richter und die fehlenden überzeugenden Gründe stehen nach wie vor im Raum und bleiben unverändert.

5 Gentechnisch veränderte Lebensmittel

Der kommerzielle Anbau von genverändertem Mais ist seit 1998 in der EU zugelassen. Die Bundesrepublik Deutschland hat den Anbau allerdings bereits im Jahre 2009 gesetzlich verboten, diesem Verbot folgten viele andere EU-Mitgliedsstaaten. Stand heute wird diese Maissorte nur in fünf europäischen Staaten angebaut: Spanien, Portugal, Tschechien, Slowakei und Rumänien. Der Anteil der Gentech-Mais-Anbaufläche an der gesamten Mais-Anbaufläche in der EU beträgt allerdings lediglich nur ca. 1 %, folglich sind die Äcker in der EU weitestgehend frei von gentechnisch veränderten Pflanzen. Anders sieht es bei den Futtermitteln für Nutztiere aus, denn die EU produziert zu wenig Futterpflanzen für Nutztiere und ist somit auf die Einfuhr von großen Mengen an Sojabohnen angewiesen, welche meistens an Nutztiere verfüttert werden. Allerdings sind diese Sojabohnen, welche zum Großteil aus den wichtigsten Erzeugerländern Nord- und Südamerika stammen, im Normalfall gentechnisch verändert.[23] Somit gerät der Endverbraucher meist indirekt mit gentechnisch-veränderten Lebensmitteln in Kontakt. Denn aktuell gibt es im Gegensatz zu genmanipulierten Pflanzen noch keine Kennzeichnungspflicht für tierische Produkte wie Fleisch, Milch und Eier, welche von Tieren stammen, die mit gentechnisch-veränderten Futterpflanzen gefüttert wurden. Grundsätzlich gilt in der EU das Vorsorgeprinzip, was keine Zulassung von Genpflanzen erlaubt, wenn die Sicherheit dieser nicht bewiesen ist. Die Entscheidung, ob gentechnisch veränderte Lebens- und Futtermittel zugelassen werden, trifft die EU-Kommission auf der Grundlage eines wissenschaftlichen Gutachtens der europäischen Behörde für Lebensmittelsicherheit.[24] Zusätzlich besteht in der EU noch eine Kennzeichnungspflicht, da der Konsument entscheiden können soll, welche Lebensmittel er konsumieren möchte oder nicht. Diese Kennzeichnung wird von Kritikern häufig als Diskriminierung angekreidet, jedoch dient diese einzig und allein der Transparenz und stellt somit keine Diskriminierung dar.

---

[23] Vgl. BMELV (2016)
[24] Vgl. BVL (2016)

5.1 TTIP

Wer TTIP sät, wird Gentechnik ernten.[25]

Die Unterschiede in der Gentechnikregulierung zwischen den USA und Europa sind enorm und somit für viele Verbraucherschützer und Gentechnikgegner besorgniserregend. In den USA durchlaufen, anders als in der EU, nicht alle gentechnisch veränderten Pflanzen eine Risikoprüfung, umso den Schutz des Verbrauchers zu sichern. Dort gilt das sogenannte Risikoprinzip, welches besagt, dass genmanipulierte Produkte so lange zugelassen sind, bis ihre Schädlichkeit nachgewiesen ist. Somit gelangen vermeintlich schädliche Produkte in den Handel und werden erst wieder aus dem Sortiment verbannt, wenn ihre Schädlichkeit nachgewiesen wurde. Dass dies allerdings eventuell schon für viele Verbraucher zu spät sein könnte, interessiert hier nicht, denn in den USA gibt es keine Kennzeichnungspflicht für genmanipulierte Produkte, da dies eine angebliche Diskriminierung darstellt. Die Umweltbehörde der USA, Environmental Protecion Agency (EPA), jedoch betont die ökonomischen Vorteile von Gentechnik und entgegnet, dass Gentechnik im Vergleich zu den chemischen Alternativen viel sicherer sei.[26]

Mit dem Abschluss des Freihandelsabkommens TTIP sollen die höheren Regularien im Gentechnikbereich Europas gesenkt und an die der USA angeglichen werden. „Das Prinzip der Vorsorge, umfassende Kennzeichnung, Einschränkungen bei den Zulassungen und beim Anbau gentechnisch veränderter Pflanzen wird man unter den Rahmenbedingungen der geplanten Freihandelsabkommen kaum verteidigen können."[27]

5.2 CETA

Kanada hat genau wie die USA keine so starken Regularien bei Gentechnik wie die EU. Gentechnik ist weit verbreitet, und zwar nicht nur in der Landwirtschaft, denn seit Mai 2016 darf in Kanada, genau wie in den USA, auch Gen-Lachs verkauft werden. Dieser ist in nur der Hälfte der Zeit wie atlantischer Lachs ausgewachsen. Die produzierende US-Firma Aqua-Bounty betont die Sicherheit dieses Gen-Lachses und außerdem sei dieser Lachs genauso nahrhaft wie konventioneller Lachs. Verbraucherschützer warnen nicht nur vor den Langzeitfolgen für die Konsumenten, sondern ihnen bereitet vor allem auch die Gefahr für andere Fische sorgen, falls ein modifizierter Lachs in die freie Wildbahn gelangt, denn Gen-Lachse können sich nicht fortpflanzen. Grundsätzlich unterscheiden sich die Richtlinien der beiden

---

[25] Klimenta Harald (2015, S.62)
[26] Vgl. EPA (2016)
[27] Klimenta Harald (2015, S.62)

Regionen sehr stark und somit ist eine Einigung beim Thema Gentechnik sehr schwierig. Zudem gilt in Kanada, genau wie in den USA, das Risikoprinzip: Erst wenn es wissenschaftlich bewiesen ist, dass es eine Gefahr gibt, können genveränderte Pflanzen oder allgemein Lebensmittel verboten werden. Im Gegensatz zu TTIP ist der Vertragstext bei CETA bereits fertiggestellt und für jeden einsehbar, somit sind die genauen Regelungen auch sehr gut einzusehen. So gibt es sogar einen eigenen Absatz „zur Stärkung der bilateralen Zusammenarbeit im Bereich der Biotechnologie."[28] Auffallend sind Punkte wie die „asynchronische Zulassung", die internationale Kooperation in Fragen wie „Low Level Presence" und die „Förderung eines effizienten, wissenschaftsbasierten Zulassungsverfahrens". Diese zielen klar darauf ab, das Zulassungssystem der EU auszuhöhlen und das Vorsorgeprinzip zu umgehen. Asynchronische Zulassung bedeutet, dass in Kanada bereits gentechnisch veränderte Pflanzen angebaut werden, obwohl diese in Europa noch keine Importzulassung haben. Kombiniert man diesen Punkt mit der „Reduzierung der nachteiligen Handelsauswirkungen der Regelungspraxis im Bereich Biotechnologieerzeugnisse",[29] so zeigen sich schnell Gegensätze und die Frage, ob die strengen Regularien und das Vorsorgeprinzip der EU durch das Abkommen nicht umgangen werden, bleibt offen.

6 Zulassung medizinischer Produkte

Medizinprodukte sind Apparate, Gegenstände oder andere Instrumente, die in der Medizin eingesetzt werden. Sie können entweder am oder auch im Körper wirken und unterscheiden sich dabei von Medikamenten. Die Zulassung solcher Produkte in der EU muss durch ein sogenanntes Konformitätsbewertungsverfahren erfolgen. Dabei liegt es in der Hand des Herstellers, dass seine Produkte dieses Verfahren durchlaufen und erfolgreich abschließen. Nur dann erhalten die Produkte für die Zulassung das benötigte CE-Kennzeichen. Die medizinischen Produkte werden zusätzlich noch in verschiedene Risikoklassen eingeteilt und müssen je nach Risikoklasse verschiedene Konformitätsbewertungsverfahren durchlaufen, wobei bei Produkten mit höherer Risikoklasse zusätzlich eine unabhängige Prüf- und Zertifizierungsstelle hinzugezogen werden muss. Diese Stellen werden durch den Staat benannt und der Hersteller darf frei entscheiden, an welche der Stellen er sich wenden möchte. Bei Produkten mit niedriger Risikoklasse wird von diesen Stellen lediglich der Herstellungsprozess bewertet, wobei aber bei Produkten mit höherer Risikoklasse auch die Prüfung des Herstellers bewertet wird. Nachdem sämtliche Prüfungen erfolgreich abgeschlossen sind, erhält das Produkt das CE-

---

[28] Vgl. CETA Kapitel 25, Artikel 25.1
[29] Vgl. CETA Kapitel 25, Artikel 25.2

Kennzeichen und ist somit auf dem gesamten europäischen Markt zugelassen.[30] Der Staat nimmt in diesem Prozess also nur eine passive Rolle ein, in dem er Prüfungs- und Zertifizierungsstellen benennt und überwacht.

6.1 TTIP

Zum Vertrieb eines Medizinproduktes in den USA muss der Hersteller bei der Food and Drug Administration (FDA) registriert sein. Die FDA klassifiziert Produkte in drei Kategorien und je nach Kategorie, haben die Produkte verschiedene Anforderungen in Bezug auf die Registrierung. Ein Produkt der Kategorie 1 muss höchstwahrscheinlich lediglich die Registrierungsanforderungen der FDA erfüllen. Produkte der Kategorie 2 müssen einen Antrag auf 510(k)-Freigabe zur Erfüllung der Registrierungsanforderungen stellen. Produkte der Kategorie 3 müssen die aufwendigste Zulassung durchlaufen und hierfür bietet die FDA eine sogenannte Vor-IDE-Beratung an, was so viel wie eine Beratung über die Zulassung des jeweiligen Produktes bedeutet.

In den USA entscheidet also eine staatliche Stelle, ob medizinische Produkte zugelassen werden oder nicht. So unterschiedlich die Zulassungsverfahren auch sind, interessiert vor allem, wie die Qualität beider Verfahren ist und wie viele Zwischenfälle und Rückrufe vermeldet sind. Der Bundesverband für Medizintechnologie kommt zu dem Urteil, dass beide Verfahren in Bezug auf Zwischenfälle und Rückrufe die gleichen Ergebnisse liefern. Als Grund wird hier die Tatsache genannt, dass die regulatorischen Anforderungen beider Verfahren letztendlich doch vergleichbar seien.[31]

6.2 CETA

Grundlage der Zulassung medizinischer Produkte in Kanada sind die Canadian Medical Device Regulations (CMDR), welche stark an das europäische Zulassungsverfahren der Konformitätsbewertung angelehnt sind. Die Zulassungsbehörde in Kanada gibt zwei Arten von Lizenzen aus, die sogenannte Betriebsbewilligung für Medizinprodukte und eine allgemeine Lizenz für Medizinprodukte. Das Unternehmen muss beweisen, dass es für das jeweilige Produkt ein bestimmtes Qualitätssystem umgesetzt hat und den spezifischen Anforderungen der kanadischen Medizinproduktevorschriften erfüllt. Der Antrag auf eine Zulassung wird durch

---

[30] Vgl. BfArM (2016) und TÜV Süd (o.J)
[31] Vgl. BVMed (2015)

die Zulassungsbehörde geprüft. Falls dieser bewilligt wird, so darf das Unternehmen seine Produkte in Kanada verkaufen.[32]

Im Rahmen des Freihandelsabkommens wurde nirgends detailliert auf die Zulassung medizinischer Produkte eingegangen, da aber eine generelle Standardisierung erreicht werden soll, kann vermutet werden, dass die ohnehin schon ähnlichen Zulassungsverfahren für Medizinprodukte weiter angepasst und angenähert werden.

7 Fazit und Ausblick

Mit fortschreitender Globalisierung werden Freihandelsabkommen als ein probates Mittel genutzt, um die wirtschaftliche Grundlage verschiedener Wirtschaftsräume zu sichern. Sie sollen nicht nur den Handel erleichtern, sondern auch durch eine rechtliche Grundlage zu einem optimalen Handel beitragen. Aktuell befindet sich die EU mit sämtlichen bedeutenden Wirtschaftsregionen in Gesprächen bezüglich Freihandelsabkommen, was wiederum klarmacht, dass die Politik diese Abkommen als eine der wichtigsten politischen Maßnahmen für wirtschaftliches Wachstum und somit Wohlstand ansieht.[33] Die in der vorliegenden Arbeit analysierten Abkommen sind die aktuell mit Abstand am kontroversesten diskutierten. Die folgende Abbildung zeigt nochmals die häufigsten Kritikpunkte und die jeweiligen Standpunkte auf:

	TTIP		CETA	
Vertragsparteien	USA	EU	EU	Kanada
Transparenz	**Demokratiedefizit der EU:** Verhandlungsführung bei Europäischer Kommission		**Gemischtes Abkommen:** Parlamente der Mitgliedsländer müssen zustimmen	
Schiedsgerichte	private internationale Schiedsgerichte		öffentlich-rechtlicher Gerichtshof	
Gentechnik	**Folge von TTIP:** Risikoprinzip		**Folge von CETA:** Risikoprinzip	

---

[32] Vgl. Department of Justice (2016)
[33] Vgl. BMWi (2016g)

Zulassung Medizinischer Produkte	Staat hat aktive Rolle: staatliche Stelle entscheidet über Zulassung	Staat hat passive Rolle: Konformitätsbewertungsverfahren
Zugang zu öffentlichen Ausschreibungen	USA in die EU: Ja EU in die USA: Nein	Ja, beide Parteien

Abbildung 1: Vergleich von TTIP und CETA
Quelle: Eigene Darstellung

In manchen Punkten, wie der Gentechnik, unterscheiden sich die Abkommen nur marginal und würden bei Inkrafttreten dasselbe Ergebnis hervorrufen. Tendenziell ist die antiamerikanische Haltung des Großteils der Bevölkerung in vielen Punkten berechtigt, da die EU weit bessere Standards ausweisen kann. Jedoch gibt es auch Bereiche, wie in der Zulassung medizinischer Produkte, wo die Zulassungsbehörde der USA (FDA) eine qualitativ hochwertigere und ökonomisch vertretbare Herangehensweise aufweist als das europäische Pendant.

Um die Frage vom Anfang nach dem ökonomischen Sinn eines Freihandelsabkommens wieder aufzugreifen, bleibt zu sagen, dass bei einem gut ausgehandelten Vertragstext und sinnvollen wirtschaftlichen Angleichungen, ein Freihandelsabkommen definitiv zu unterstützen ist und der Bevölkerung mit hoher Wahrscheinlichkeit einen Wohlfahrtsgewinn bringt. Jedoch weisen die vorliegenden und analysierten Freihandelsabkommen in manchen Aspekten große Lücken auf und die Aussage der Politik, dass die Bevölkerung von diesen Abkommen profitieren wird, bleibt äußerst fragwürdig. Verstärkt wird diese These noch durch die äußerst geringen Wachstumsschätzungen vieler Wirtschaftsinstitute, welche weder die Freihandelsabkommen noch die diskutierten Inhalte rechtfertigen.

Das europäisch-kanadische Abkommen CETA ist fertigverhandelt und es bleibt nur noch eine Frage der Zeit, bis es ganz in Kraft tritt. Anders dagegen steht es um das europäisch-amerikanische Abkommen TTIP. Die seit mehreren Jahren andauernden Verhandlungen haben bis heute so gut wie keine Übereinstimmung hervorgebracht und das lässt selbst die Politik verzweifeln. Nach Meinung des Autors gibt es für dieses Freihandelsabkommen zwei mögliche Szenarien:

1. TTIP wird gegen den Widerstand der Bevölkerung abgeschlossen

Falls TTIP doch noch fertig verhandelt werden soll, dann muss dies gegen die Zustimmung der Bevölkerung geschehen, denn sowohl in Europa als auch in den USA sinkt die Befürwortung für das Freihandelsabkommen. Dies müsste jedoch in absehbarer Zeit geschehen, denn je länger die Verhandlungen andauern, desto unglaubwürdiger wirkt das Abkommen nicht nur in der Politik, sondern treibt noch mehr Menschen auf die Straßen, um dagegen zu demonstrieren.

2. TTIP-Verhandlungen ziehen sich hin und werden abgebrochen

Aktuell sieht es so aus, dass die Verhandlungen sich weiter hinziehen werden, ohne jedoch wirkliche Fortschritte zu machen. Die Kritik gegen das Abkommen nimmt zu und die Politik muss sich immer mehr bemühen, die Bevölkerung mit weiteren Zusprüchen zu besänftigen. Das wirkt nicht nur für die Verhandlungen lähmend, sondern auch die involvierten Verhandlungspartner wirken immer genervter, wenn sie zu dem Thema befragt werden. Somit ist es nicht allzu unwahrscheinlich, dass die Verhandlungen des Freihandelsabkommens in naher Zukunft abgebrochen werden.

Literaturverzeichnis

ANKENBRAND, TOBIAS (2015): Transatlantic Trade and Investment Partnership – TTIP: Chance oder Risiko für die europäische Gesellschaft, Hamburg.

BODE, THILO (2016): Die Freihandelslüge - Warum wir CETA und TTIP stoppen müssen, 6. Aufl., München.

BRAUN, TILLMANN (2009): Investitionsschutz durch internationale Schiedsgerichte, TranState Working Papers, Nr. 89, Bremen.

BROß, SIEGFRIED (2015): Freihandelsabkommen, einige Anmerkungen zur Problematik der privaten Schiedsgerichtbarkeit, in: Mitbestimmungsförderung Report, Nr. 4

DIELS, JANA/THORUN, CHRISTIAN (2014): Chancen und Risiken der Transatlantischen Handels- und Investitionspartnerschaft (TTIP) für die Verbraucherwohlfahrt, in: WISO Diskurs, November 2014.

FELBERMAYR, GABRIEL/HEID, BENEDIKT/LARCH, MARIO (2014): TTIP - Small Gains, High Risks?, in: CESifo Forum 4/2014, S.20 - 30

FELBERMAYR, GABRIEL/LARCH, MARIO (2013): The Transatlantic Trade and Investment Partnership (TTIP) - Potentials, Problems and Perspectives, in: CESifo Forum 2/2013, S.49 - 60

FELBERMAYR, GABRIEL (2016): Economic Analysis of TTIP, Ifo Working Paper, Nr. 215, April 2015, München.

KLIMENTA, HARALD et al. (2015): 38 Argumente gegen TTIP, CETA, TiSA & Co.: Für einen zukunftsfähigen Welthandel, Hamburg.

KLODT, HENNING et al. (2014): Investitionsschutzabkommen – Mehr Rechtssicherheit oder Verzicht auf Souveränität?, in: Wirtschaftsdienst, Nr. 94, S. 459-478.

KLODT, HENNING (2015): TTIP - Chance Handel, Risiko Investorschutz, in: Kiel Policy Brief, Nr. 84, Kiel.

KRUGMAN, PAUL R./OBSTFELD MAURICE (2006): International Economics – Theory & Policy, 7. Aufl, Boston.

LYDGATE, EMILY B. (2012): Biofuels, sustainability, and trade-related regulatory chill, in: Journal of international economic law, Band 15, Heft 1, S. 157 – 180.

MARREWIJK, CHARLES VAN (2012): International Economics – theory, application, and policy, 2. Aufl., Oxford.

PINZLER, PETRA (2015): Der Unfrei Handel - Die heimliche Herrschaft von Konzernen und Kanzleien, 2. Aufl., Hamburg.

ROTH, MAX (2015): TTIP – Wohlstand durch Freihandel oder Verelendung Europas, Freiburg.

VON HERFF, JAN/WESTERHEIDE, PETER (2016): TTIP – noch einmal in Ruhe betrachtet, in: Orientierung zur Wirtschafts- und Gesellschaftspolitik, Heft 143,   S. 94-102.

Elektronische Quellen

BDI **(2015):** Diskussion um Wachstumseffekte. Abrufbar unter: http://bdi.eu/themenfelder/aussenwirtschaftspolitik/ttip/#/artikel/news/diskussion-um-wachstumseffekte/, abgerufen am: 10.10.2016

BfArM **(2016):** Inverkehrbringen von Medizinprodukten. Abrufbar unter: http://www.bfarm.de/DE/Medizinprodukte/rechtlicherRahmen/inverk/_node.html,abge rufen am: 03.10.2016.

BMELV (2016): Gentechnik und Lebensmittel. Abrufbar unter: http://www.bmel.de/Share dDocs/Downloads/Landwirtschaft/Pflanze/GrueneGentechnik/OhneGTSiegel/Hinter grundInformationenOhneGTSiegel.pdf?__blob=publicationFile, abgerufen am: 10.10.2016.

BMWi (2016a): Transparenz und Mitsprache. Abrufbar unter:http://www.bmwi.de/DE/ Themen/Aussenwirtschaft/Freihandelsabkommen/TTIP/transparenz-ttip.html, abgerufen am: 26.09.2016.

BMWi (2016b): Verhandlungen und Akteure. Abrufbar unter: https://www.bmwi.de/DE/ Themen/Aussenwirtschaft/Freihandelsabkommen/TTIP/verhandlungsprozess.html, abgerufen am: 26.09.2016.

BMWi (2016c): Was ist TTIP. Abrufbar unter: https://www.bmwi.de/DE/Themen/Aussenwirt schaft/Freihandelsabkommen/TTIP/was-ist-ttip.html, abgerufen am: 28.09.2016.

BMWi (2016d): Was ist CETA. Abrufbar unter: http://www.bmwi.de/DE/Themen/Aussen wirtschaft/Freihandelsabkommen/CETA/was-ist-ceta.html, abgerufen am: 28.09.2016.

BMWi (2016e): Aktueller Stand. Abrufbar unter: https://www.bmwi.de/DE/Themen/Ausse nwirtschaft/Freihandelsabkommen/CETA/aktueller-stand.html, abgerufen am 02.10.2016

BMWi (2016f): Investitionsschutz. Abrufbar unter: http://www.bmwi.de/DE/Themen/Aussen wirtschaft/investitionsschutz.html, abgerufen am: 02.10.2016

BMWi **(2016g):** Aktuelle Freihandelsverhandlungen. Abrufbar unter: http://www.bmwi.de/DE/Themen/Aussenwirtschaft/Freihandelsabkommen/aktuelle-verhandlungen,did=695898.html, aberufen am: 10.10.2016

BPB **(2009):** Subsidiaritätsprinzip. Abrufbar unter: http://www.bpb.de/nachschlagen/lexika/pocket-europa/16951/subsidiaritaetsprinzip,abgerufen am 03.10.2016

BPB (2015): Schiedsgerichtbarkeit. Abrufbar unter: http://www.bpb.de/nachschlagen/lexika/recht-a-z/22832/schiedsgerichtsbarkeit,abgerufen am: 03.10.2016

BPB (2008): Theoretische Grundlage des internationalen Handels. Abrufbar unter:http://www.bpb.de/izpb/8194/theoretische-grundlagen-des-internationalen-handels?p=all, abgerufen am: 26.09.2010

BVL (2016): Genehmigungsverfahren zum Inverkehrbringen. Abrufbar unter:http://www.bvl.bund.de/DE/06_Gentechnik/03_Antragsteller/03_Inverkehrbringen /gentechnik_Inverkehrbringen_node.html, abgerufen am: 09.10.2016

BVMed (2015): Medizinprodukte – Zulassungsexperte zu Europa vs. USA. Abrufbar unter: https://www.bvmed.de/de/bvmed/publikationen/bvmed-newsletter/bvmed-newsletter-27-15/medizinprodukte-zulassungsexperte-zu-europa-vs.-usa-keine-anhaltspunkte-fuer-die-ueberlegenheit-eines-systems, abgerufen am: 03.10.2016.

CETA (2016): Vertragstext – offizielle deutsche Übersetzung. Abrufbar unter: http://eur -lex.europa.eu/legal-content/DE/TXT/HTML/?uri=CELEX:52016PC0444&from=EN, abgerufen am 12.10.2016

Department of Justice (2016): Medical Devices Regulations. Abrufbar unter: http://laws -lois.justice.gc.ca/eng/regulations/sor-98-282/, abgerufen am 10.10.2016

DMDI (2013): Benannte Stellen. Abrufbar unter: http://www.dimdi.de/sta tic/de/mpg/adress/benannte-stellen/index.htm, abgerufen am: 03.10.2016.

EUROPEAN COMMISSION (2016): EU negotiating texts in TTIP. Abrufbar unter: http://trade.ec.europa.eu/doclib/press/index.cfm?id=1230, abgerufen am: 10.10.2016.

EUROEAN COMMISSION (2015a): Public Opinion. Abrufbar unter: http://ec.europa.eu/COMMFrontOffice/publicopinion/index.cfm/Survey/getSurveyD etail/instruments/STANDARD/surveyKy/2098, abgerufen am: 02.10.2016

EUROPEAN COMMISSION (2015b): EU-Verhandlungstexte für die TTIP. Abrufbar unter: http://trade.ec.europa.eu/doclib/press/index.cfm?id=1252&langId=de, abgerufen am: 02.10.2016

EPA (2016): Are Bt Crops safe?. Abrufbar unter: https://www.epa.gov/regulation-biotechn ology-under-tsca-and-fifra/are-bt-crops-safe, abgerufen am: 10.10.2016.

N-TV (2016): Freihandel für EU und Kanada. Abrufbar unter: http://www.n-tv.de/wirt
schaft/Ceta-kommt-mit-neuartigem-Schiedsgericht-article17108681.html,
abgerufen am: 28.09.2016.

Public Citizen (2014): Investor-State Attacks against European Policies vie CETA and TTIP.
Abrufbar unter: http://www.citizen.org/documents/EU-ISDS-liability.pdf,
abgerufen am: 10.10.2016.

SÜDDEUTSCHE ZEITUNG (2016): CETA bekommt einen Investitionsgerichthof. Abrufbar unter: http://www.sueddeutsche.de/wirtschaft/freihandel-weg-mit-den-schiedsgeric
hten-1.2886059,
abgerufen am: 28.09.2016.

TÜV SÜD (o. J.): Marktzulassung und Zertifizierung. Abrufbar unter: http://www.tuev
-sued.de/produktpruefung/branchenloesungen/medizinprodukte/marktzulassung-und-
zertifizierung,
abgerufen am: 05.10.2016.

UMWELTINSTITUT MÜNCHEN e. V. (2016): TTIP und CETA stoppen. Abrufbar unter:
http://www.umweltinstitut.org/themen/verbraucherschutz-
ttip/freihandelsabkommen.html,
abgerufen am: 30.09.2016.

ZDF MEDIATHEK (2016): Sommerinterview mit Sigmar Gabriel. Abrufbar unter:
http://www.zdf.de/ZDFmediathek/kanaluebersicht/1624710#/beitrag/vi   de-
o/2822508/ZDF-Sommerinterview-mit-Sigmar-Gabriel,
abgerufen am: 26.09.2016.

9 783668 378735